यदि आप कभी न मरें तो क्या होगा?

चेतना, पुनर्जन्म और वास्तविकता के गहन स्वरूप की ओर एक संशयवादी की ईमानदार यात्रा

श्रवण तिवारी

Made with ♥ on the Notion Press Platform
www.notionpress.com

यह पुस्तक
उन सभी साधकों और खोजियों को समर्पित है
जो चेतना, पुनर्जन्म और अस्तित्व के
गहरे रहस्यों को समझने की साहसिक यात्रा पर हैं।

और उन सभी व्यक्तियों के लिए,
जिन्हें यह आभास होता है कि जीवन केवल उतना ही नहीं है
जितना आँखों से दिखाई देता है,
और जिन्होंने अब तक उस अनुभूति की ईमानदार जाँच के लिए
कोई उपयुक्त स्थान नहीं पाया है।

क्रम-सूची

भूमिका

कभी न कभी, हम सभी के मन में यह प्रश्न अवश्य उठता है—
"क्या मृत्यु वास्तव में अंत है?"

यह प्रश्न केवल दार्शनिक जिज्ञासा नहीं है। यह हमारे अस्तित्व के सबसे गहरे स्तर को छूता है। यह हमें मजबूर करता है रुककर सोचने के लिए—हम कौन हैं, कहाँ से आए हैं, और इस जीवन के परे क्या है।

इस पुस्तक की शुरुआत किसी अंधविश्वास या पूर्वनिर्धारित निष्कर्ष से नहीं हुई। बल्कि यह एक ऐसे मन की यात्रा है जो संदेह करता है, प्रश्न करता है, और केवल उन्हीं उत्तरों को स्वीकार करता है जो अनुभव, तर्क और ईमानदारी की कसौटी पर खरे उतरते हैं।

मैंने इस यात्रा में विज्ञान, दर्शन और आध्यात्मिक परंपराओं के विभिन्न दृष्टिकोणों को समझने का प्रयास किया है। कभी-कभी ये रास्ते एक-दूसरे से सहमत दिखते हैं, और कभी बिल्कुल विपरीत दिशा में जाते हुए। लेकिन हर मोड़ पर एक ही उद्देश्य रहा—सत्य के और करीब पहुँचना।

यह पुस्तक किसी अंतिम सत्य का दावा नहीं करती। बल्कि यह एक निमंत्रण है—आपके अपने भीतर झाँकने का, अपने प्रश्नों को गहराई से देखने का, और शायद उन उत्तरों को खोजने का जो बाहर नहीं, बल्कि आपके भीतर ही कहीं छिपे हैं।

यदि यह पुस्तक आपको सोचने पर मजबूर करे, आपके पुराने विश्वासों को चुनौती दे, या आपको एक नए दृष्टिकोण से जीवन को देखने के लिए प्रेरित करे—तो इसका उद्देश्य पूर्ण हो जाएगा।

यह यात्रा मेरी है, लेकिन इसका अर्थ आपके अनुभवों में ही पूर्ण होगा।

श्रवण तिवारी

अध्याय १ - स्मरण रखने वाले बच्चे

वे विश्वव्यापी प्रकरण जिनकी कोई सरल व्याख्या नहीं मिलती

आइए हम सबसे कठिन, सबसे ठोस प्रमाण से आरंभ करें—क्योंकि संशयवादी दृष्टि से यही उचित है।

न किसी प्राचीन धर्मग्रंथ से। न किसी रहस्यात्मक अनुभूति से। न ही वास्तविकता के स्वरूप पर दार्शनिक अनुमान से। बल्कि उन प्रलेखित प्रकरणों से, जिनका अध्ययन प्रमाणित शोधकर्ताओं द्वारा सुव्यवस्थित वैज्ञानिक पद्धति से किया गया है—और जिन्हें उस भौतिकवादी ढाँचे के भीतर संतोषजनक रूप से समझाया नहीं जा सकता, जिसे आज अधिकांश शिक्षित समाज सहज रूप से स्वीकार कर लेता है।

पूर्वजन्म की स्मृति का दावा करने वाले बच्चों के ये मामले न तो लोककथाएँ हैं, न शहरी किंवदन्तियाँ, न ही कल्पनापूर्ण इच्छाएँ। ये अमेरिका के प्रतिष्ठित वर्जीनिया विश्वविद्यालय में चार दशकों से अधिक समय तक किए गए समकक्ष-समीक्षित अकादमिक शोध का विषय रहे हैं—एक ऐसा संस्थान जिसकी वैज्ञानिक विश्वसनीयता निर्विवाद है।

वह शोधकर्ता जिसने दृष्टिकोण बदल दिया

इयान स्टीवेंसन कोई रहस्यवादी आस्थावान नहीं थे। वे एक कठोर वैज्ञानिक मनोविज्ञानी थे—अपने विभाग के अध्यक्ष, सैकड़ों समकक्ष-समीक्षित शोध-लेखों के लेखक, तथा ऐसे विद्वान जिनकी बौद्धिक कठोरता का सम्मान उनके सबसे तीखे आलोचक भी करते थे। जब उन्होंने 1960 के दशक में उन बच्चों का

अध्ययन आरंभ किया जो पूर्वजन्म की स्मृति का दावा कर रहे थे, तब उनका प्रारम्भिक अनुमान अत्यन्त सरल था—कि इन प्रकरणों में से अधिकांश के लिए कोई न कोई सामान्य, तर्कसंगत स्पष्टीकरण उपलब्ध हो जाएगा। उनके लिए मूल प्रश्न यह नहीं था कि ये दावे सच हैं या नहीं, बल्कि यह था कि गहन और निष्पक्ष जाँच के बाद वास्तव में क्या कुछ बचता है। चालीस वर्षों के अनवरत अनुसंधान—और छह महाद्वीपों में फैले तीन हज़ार से अधिक प्रकरणों—के उपरान्त जो निष्कर्ष सामने आया, वह असुविधाजनक होते हुए भी अटल था: कुछ तथ्य ऐसे थे जिनकी कोई भी साधारण व्याख्या उपलब्ध नहीं थी।

स्टीवेंसन द्वारा विकसित अनुसंधान-पद्धति अत्यन्त सटीक और सोच-समझकर निर्मित थी। बच्चा जब किसी पूर्वजन्म से संबंधित विशिष्ट दावे करता—नाम, स्थान, पारिवारिक संबंध, मृत्यु का कारण, निवास-स्थल या पेशे का विवरण—तो उन सभी दावों को किसी भी प्रकार के सत्यापन से पहले लिखित रूप में दर्ज कर लिया जाता। इसके पश्चात शोधकर्ता स्वतंत्र रूप से यह जाँच करने का प्रयास करते कि क्या वास्तव में ऐसा कोई व्यक्ति अस्तित्व में रहा है। यह 'पूर्व-दर्ज' करने की शर्त विशेष रूप से महत्वपूर्ण थी, क्योंकि यही वह उपाय था जो उस सूक्ष्म किंतु खतरनाक पक्षपात को समाप्त करता है जिसमें निष्कर्ष सामने आने के बाद तथ्यों का चयन किया जाता है।

द्वितीय विश्वयुद्ध को स्मरण करने वाला अमेरिकी बालक

जेम्स लीनिंगर का जन्म 1998 में अमेरिका के लुइज़ियाना राज्य में हुआ। आरंभ में वह एक सामान्य, प्रसन्नचित्त बालक था—खिलौना विमानों में रुचि रखने वाला, जैसा अनेक छोटे बच्चे होते हैं। किंतु लगभग दो वर्ष की आयु के आसपास भयावह स्वप्न आरंभ हुए। वह प्रतिदिन रात में चीखते हुए जाग उठता—अपने पालने में हाथ-पैर पटकता हुआ—यह कहते हुए कि उसका विमान जल रहा है और समुद्र में गिर रहा है। उस समय उसका बोलना अभी पूर्ण वाक्यों में विकसित भी नहीं हुआ था।

जैसे-जैसे उसकी भाषा विकसित हुई, उसके विवरण अस्वस्थ करने वाले स्तर तक विशिष्ट होते चले गए। उसने बताया कि वह नाटोमा नामक एक जहाज़ से उड़ान भरता था। उसने अपने सहपायलट का नाम लिया—जैक लार्सन। उसने कहा कि उसे इवो जीमा के समीप मार गिराया गया था, और जापानी विमान के प्रहार का वर्णन किया। अंततः उसने अपने पूर्व नाम का भी उल्लेख किया—जेम्स ह्यूस्टन।

जेम्स के पिता ब्रूस लीनिंगर—जो स्वयं पुनर्जन्म में विश्वास नहीं रखते थे—ने इस विषय की जाँच आरंभ की, पुष्टि के उद्देश्य से नहीं, बल्कि इन दावों का खंडन करने के लिए। परंतु जाँच के परिणाम विचलित करने वाले थे। यूएसएस नाटोमा बे वास्तव में द्वितीय विश्वयुद्ध के दौरान सक्रिय एक युद्धपोत था, और उस पर जैक लार्सन नामक पायलट तैनात था। इसके अतिरिक्त, जेम्स ह्यूस्टन जूनियर नामक एक पायलट 3 मार्च 1945 को इवो जीमा के समीप मारा गया था—उसका विमान समुद्र में गिरा था।

जब जेम्स को उस जहाज़ से जुड़े जीवित सैनिकों से मिलवाया गया, तो उसने उन्हें उनके नामों और उपनामों से संबोधित किया। उसने ऐसे प्रसंगों और अनुभवों की पहचान की जो कभी सार्वजनिक रूप से प्रकाशित ही नहीं हुए थे। समय के साथ-साथ, जैसे-जैसे वह बड़ा होता गया, उसकी स्मृतियाँ क्षीण होती चली गईं—जैसा कि सैकड़ों अन्य समान प्रकरणों में देखा गया है। सात वर्ष की आयु तक वे लगभग लुप्त हो चुकी थीं—एक ऐसे स्वप्न की भाँति जो जागने पर स्मरण में नहीं रहता।

शांति देवी — वह मामला जिसने भारतीय सरकार को हस्तक्षेप के लिए विवश किया

वर्ष 1926 में दिल्ली में जन्मी शांति देवी चार वर्ष की अल्प आयु से ही बार-बार मथुरा में अपने पति और बच्चों की चर्चा करने लगी—उस जीवन की, जिसे इस

शरीर में उसने कभी जिया नहीं था। उसके कथन अस्पष्ट या अनुमानात्मक नहीं थे। उसने अपने पति का नाम बताया, घर के विन्यास का विस्तार से वर्णन किया और आँगन के कुएँ से लेकर आभूषणों तथा वस्त्रों तक के विवरण प्रस्तुत किए।

जब उसकी शिक्षिका ने इन बातों की जाँच कराई, तो मथुरा में केदारनाथ चौबे नामक एक व्यापारी का पता चला—जिनकी पत्नी लुगड़ी की मृत्यु 1925 में प्रसव के पश्चात हुई थी। जब चौबे बिना किसी पूर्व परिचय के दिल्ली पहुँचे, तो शांति ने उन्हें तुरंत पहचान लिया। उसने उनके साथ अपने वैवाहिक जीवन से जुड़े निजी विवरण बताए और भावविभोर होकर रो पड़ी।

यह प्रकरण शीघ्र ही महात्मा गांधी तक पहुँचा। उनके निर्देश पर एक औपचारिक जाँच समिति गठित की गई। मथुरा पहुँचने पर शांति ने बिना किसी मार्गदर्शन के नगर की सड़कों को पहचान लिया। उसने यह भी कहा कि जिस घर में वह रहने की बात कर रही है, वहाँ एक अतिरिक्त कक्ष जोड़ा गया होगा—जो वास्तव में बाद में निर्मित किया गया था—और यह भी कि आँगन का कुआँ ढक दिया गया होगा, जो सच निकला।

शांति ने उस स्थान का भी उल्लेख किया जहाँ उसके अनुसार पूर्व जीवन में धन छिपाया गया था। खुदाई करने पर वहाँ एक संदूक मिला—जो खाली था। चौबे ने पुष्टि की कि लुगड़ी की मृत्यु के बाद उन्होंने स्वयं वहाँ से धन निकाल लिया था। संदूक वास्तविक था। स्थान वास्तविक था। और उस ज्ञान की कोई भी साधारण या तर्कसंगत व्याख्या उपलब्ध नहीं थी।

वैश्विक प्रकरण — विश्व-व्यापी यात्रा

पुनर्जन्म से सम्बद्ध साहित्य को वास्तव में प्रभावशाली केवल कोई एक रोचक या चौंकाने वाला प्रकरण नहीं बनाता। इसकी वास्तविक शक्ति इस तथ्य में

निहित है कि संरचनात्मक रूप से समान प्रकरण उन संस्कृतियों में भी प्रकट होते हैं जिनका आपस में कोई संपर्क नहीं रहा—और जिनका अन्वेषण ऐसे शोधकर्ताओं द्वारा किया गया है जिनका किसी विशेष निष्कर्ष में कोई व्यक्तिगत हित नहीं था। नीचे दिए गए प्रकरण छह महाद्वीपों में फैले प्रलेखित अभिलेखों से चुने गए एक छोटे-से प्रतिनिधि समूह हैं। इन्हें उनके साक्ष्य-वैशिष्ट्य, सांस्कृतिक विविधता तथा उस स्पष्टता के कारण चुना गया है, जिससे वे इस परिघटना को प्रत्यक्ष और ठोस रूप में प्रस्तुत करते हैं।

यूरोप — हेब्रिडीज़ को स्मरण करने वाला स्कॉटिश बालक

कैमरन मैकाले का जन्म वर्ष 2000 में स्कॉटलैंड के ग्लासगो नगर में हुआ। लगभग दो वर्ष की अल्प आयु से ही वह निरंतर बार्रा नामक द्वीप पर स्थित अपने "दूसरे परिवार" की चर्चा करने लगा—एक ऐसे द्वीप की, जहाँ वह कभी गया ही नहीं था। वह समुद्र-तट के समीप स्थित एक श्वेत गृह का वर्णन करता था, एक काले-सफेद कुत्ते का उल्लेख करता, तथा एक ऐसे पिता की बात करता था जिनकी मृत्यु सड़क दुर्घटना में हुई थी। पारिवारिक जीवन के ये सूक्ष्म विवरण वह इतनी विशिष्टता और निरंतरता से प्रस्तुत करता था कि उसकी माता गहराई से विचलित हो उठती थीं।

कैमरन का वर्णन इतना सुसंगत और जीवन्त था कि अंततः परिवार ने बार्रा की यात्रा की व्यवस्था की। वहाँ पहुँचने पर उसने उस स्थान की पहचान की जो उसके कथनों से मेल खाता था। उस क्षेत्र में वास्तव में रॉबर्टसन नामक एक परिवार एक श्वेत घर में रहता था—जिसे बाद में ध्वस्त कर दिया गया था। उस परिवार के पास काले-सफेद रंग का कुत्ता भी था, और परिवार के पिता की मृत्यु सचमुच एक सड़क दुर्घटना में हुई थी।

इस प्रकरण को वर्जीनिया विश्वविद्यालय के शोधकर्ताओं ने विधिवत प्रलेखित किया तथा बीबीसी की एक वृत्तचित्र श्रृंखला में प्रस्तुत किया गया। यह प्रस्तुति इस दृष्टि से असामान्य थी कि उसमें निष्कर्ष थोपने के स्थान पर अनुसंधान-प्रक्रिया को पारदर्शी ढंग से दिखाया गया, जिससे पाठक स्वयं

निष्कर्ष तक पहुँच सकें।

लेबनान – द्रूज़ समुदाय के प्रकरण

लेबनान और सीरिया के द्रूज़ समुदाय से स्टीवेंसन के सर्वाधिक सशक्त प्रकरण अनुपातिक रूप से अधिक मात्रा में प्राप्त हुए। इसका एक कारण यह प्रतीत होता है कि द्रूज़ धर्मशास्त्र पुनर्जन्म को स्पष्ट रूप से स्वीकार करता है, और बच्चों द्वारा किए गए ऐसे कथनों को हतोत्साहित करने के स्थान पर गंभीरता से सुना और परखा जाता है। इसी सांस्कृतिक संदर्भ में प्राप्त प्रकरणों में से एक अत्यंत सुव्यवस्थित रूप से प्रलेखित उदाहरण इमाद एलावर का है, जिनका जन्म 1958 में कोर्नायेल ग्राम में हुआ।

दो वर्ष की आयु से पूर्व ही इमाद समीपस्थ ग्राम ख्रिबी में अपने किसी पूर्व जीवन की चर्चा करने लगा। उसने इब्राहिम बुहामज़ी का नाम लिया और उनके घर, वाहन, परिवार तथा एक प्रिय महिला का विस्तारपूर्वक वर्णन किया। स्टीवेंसन ने लेबनान जाकर इमाद को ख्रिबी ले जाने से पहले उसके द्वारा किए गए 57 विशिष्ट कथनों को सावधानीपूर्वक दर्ज किया। इनमें से 51 कथनों की पुष्टि हुई—अर्थात् 89 प्रतिशत से अधिक सटीकता—ऐसे ग्राम और ऐसे व्यक्ति के संबंध में, जिन्हें उस बालक ने अपने वर्तमान जीवन में कभी देखा ही नहीं था।

श्रीलंका (सिंहल द्वीप)– ज्ञानतिल्लेका और भिक्षु-जीवन

ज्ञानतिल्लेका बद्देविथाना का जन्म 1956 में श्रीलंका में हुआ। लगभग दो वर्ष की आयु से ही वह स्वयं को तिल्लेकरात्ने नामक एक बालक मानने लगी, जो तलाविन्ना ग्राम में रहता था और उसी विद्यालय में अध्ययन करता था जहाँ उसके वर्तमान पिता अध्यापक थे—एक ऐसा तथ्य जो उसे स्वयं भी भ्रमित और मानसिक रूप से व्यथित करता था। वह तिल्लेकरात्ने के परिवार, उसके विद्यालय तथा उसके घर के स्थान का विस्तारपूर्वक वर्णन करती थी, और जब

उसे उन लोगों से मिलवाया गया तो वह उनके माता-पिता और भाई-बहनों को पहले ही पहचान लेती—उससे पूर्व कि वे स्वयं अपना परिचय दें।

इस प्रकरण की विशिष्टता वह भावात्मक पक्ष था जिसे स्टीवेंसन ने विशेष रूप से रेखांकित किया। पहचान के इस गहन भ्रम से उत्पन्न उसका वास्तविक मानसिक कष्ट, किसी पूर्व अस्तित्व से कुछ महत्त्वपूर्ण खो देने की स्पष्ट अनुभूति, और तिल्लेकरात्ने के परिवार द्वारा यह स्वीकारोक्ति कि ज्ञानतिल्लेका ऐसी बातों से परिचित थी जिन्हें केवल उनका पुत्र ही जान सकता था—इन सभी तत्वों ने इस प्रकरण को मात्र स्मृति-दावे से आगे ले जाकर एक गंभीर मनोवैज्ञानिक और अनुभवजन्य चुनौती के रूप में प्रस्तुत किया।

तुर्की – अलेवी बालक और डाकू

तुर्की में स्टीवेंसन द्वारा जाँच किए गए प्रकरणों में एक उल्लेखनीय उदाहरण जेमिल फ़ारिसी नामक बालक का था, जिनका जन्म वर्ष 1935 में हुआ। प्रारंभिक बाल्यावस्था से ही वह स्वयं को एक ऐसे डाकू के रूप में वर्णित करता था, जिसकी मृत्यु गोलियों की मुठभेड़ में हुई थी। उसने अपने हत्यारों के नाम बताए, संघर्ष के स्थान का विवरण प्रस्तुत किया, और सबसे अधिक ध्यानाकर्षक बात यह थी कि उसके शरीर पर ऐसे जन्म-चिह्न पाए गए थे, जो ठीक उन्हीं स्थानों पर स्थित थे जहाँ उसके कथनानुसार उस डाकू ने गोलियाँ खाई थीं।

जन्म-चिह्नों पर स्टीवेंसन द्वारा किया गया अनुसंधान इस क्षेत्र की एक विशिष्ट और असाधारण उपशाखा के रूप में उभरता है। कुल 210 प्रकरणों में, जहाँ पूर्व-जीवन में लगे घावों की तुलना वर्तमान जीवन के जन्म-चिह्नों से की गई, स्थान-सामंजस्य को चिकित्सकीय रूप से प्रमाणित पाया गया। सांख्यिकीय विश्लेषण के अनुसार, इस प्रकार का सटीक सामंजस्य केवल संयोगवश घटित हो—इसकी संभावना अत्यंत ही क्षीण है।

ब्राज़ील – अध्यात्मवादी परिप्रेक्ष्य

ब्राज़ील में स्पिरिटिज़्म का एक सशक्त और सक्रिय समुदाय विद्यमान है—एलन कार्देक के अनुयायी, जिन्होंने पश्चिमी तर्कवाद को पुनर्जन्म और आत्म-संचार की मान्यता के साथ संयोजित किया। इस विशिष्ट सांस्कृतिक संदर्भ में अनेक प्रलेखित प्रकरण प्राप्त हुए हैं, जिनमें से कुछ का अध्ययन साओ पाउलो विश्वविद्यालय के शोधकर्ताओं द्वारा किया गया है।

इनमें से एक अत्यंत प्रभावशाली प्रकरण पाउलो लोरेन्ज़ का है, जिनका जन्म 1923 में हुआ। प्रारंभिक बाल्यावस्था से ही वह स्वयं को अपनी मृत बहन एमिलिया का पुनर्जन्म मानता था—जिनकी मृत्यु उसके जन्म से लगभग एक वर्ष पूर्व हो चुकी थी। पाउलो ने एमिलिया के जीवन की घटनाओं का ऐसा सटीक वर्णन किया जिसकी पुष्टि जीवित पारिवारिक सदस्यों ने की, और अपने बाल्यकाल में उसने अपने आचार-व्यवहार, रुचियों तथा व्यक्तित्व-लक्षणों में एमिलिया से गहन साम्य प्रदर्शित किया।

अलास्का – ट्लिंगिट परंपरा

अलास्का और ब्रिटिश कोलंबिया के ट्लिंगिट समुदाय में पुनर्जन्म की धारणा प्राचीन और केन्द्रीय है। बच्चों से अपेक्षा की जाती है कि वे अपने पूर्व जीवन को स्मरण करें और उनके कथनों को समुदाय अत्यंत गंभीरता से लेता है। विक्टर विंसेंट नामक एक ट्लिंगिट मछुआरे ने अपनी मृत्यु से पूर्व अपनी भतीजी कॉरलिस को बताया था कि वह उसके पुत्र के रूप में पुनर्जन्म लेगा और वही जन्म-चिह्न धारण करेगा, जो उसके वर्तमान शरीर पर हैं। जब अल्प समय में कॉरलिस का पुत्र जन्मा, तो उसके शरीर पर वही दो जन्म-चिह्न पाए गए—पीठ पर और नाक पर—जिनका फोटोग्राफ़िक प्रमाण भी उपलब्ध है। बालक ने आगे चलकर विक्टर के चित्र पहचाने, उसके उपकरणों को पहचान लिया, और उसके जीवन के ऐसे तथ्य बताए जिन्हें माता-पिता ने कभी उसे बताया ही नहीं था।

थाईलैंड — बौद्ध संरचना

थाईलैंड की गहन बौद्ध परंपरा में भी पुनर्जन्म से जुड़े अनेक प्रलेखित प्रकरण प्राप्त हुए हैं। इनमें से एक उल्लेखनीय उदाहरण बोंगकुच प्रॉमसिन का है, जिनका जन्म 1962 में हुआ था। प्रारंभिक आयु से ही वह स्वयं को चमरात नामक एक युवक का पुनर्जन्म बताता था, जिसकी हत्या कर दी गई थी। बोंगकुच ने उस हत्या का विस्तृत विवरण प्रस्तुत किया, हत्यारों के नाम बताए, चमरात के परिवार और गृह-ग्राम का वर्णन किया तथा उस धन के विषय में भी जानकारी दी जिसे छिपाया गया था—और जो बाद में वास्तव में उसी स्थान से प्राप्त हुआ।

इस प्रकरण की जाँच थाई अनुसंधानकर्ताओं तथा स्टीवेंसन की टीम द्वारा स्वतंत्र रूप से की गई, और दोनों जाँचों में इसके प्रमुख दावों की पुष्टि हुई। यह स्वतंत्र सत्यापन ही इस मामले को मात्र सांस्कृतिक कथा से आगे ले जाकर एक गंभीर अनुभवजन्य प्रकरण के रूप में स्थापित करता है।

म्यांमार — जापानी बोलने वाली बालिका

स्टीवेंसन के सर्वाधिक विलक्षण प्रकाशित प्रकरणों में से एक मा टिन आंग म्यो का है, जिनका जन्म 1953 में हुआ था। वह स्वयं को द्वितीय विश्वयुद्ध के दौरान बर्मा में मारे गए एक जापानी सैनिक का पुनर्जन्म बताती थी। उसने उस सैनिक के उत्तरी जापान स्थित गृह, उसके परिवार तथा उसकी मृत्यु की परिस्थितियों का विस्तृत वर्णन किया—यह बताते हुए कि वह सड़क किनारे भोजन बनाते समय मित्र राष्ट्रों के एक विमान द्वारा मार गिराया गया था।

मा टिन आंग म्यो में कुछ व्यवहारात्मक विशेषताएँ भी स्पष्ट रूप से देखी गईं। उसे शीत ऋतु से असामान्य रूप से अरुचि थी, जापानी भोजन के प्रति विशेष झुकाव था, और जापान के प्रति एक निरंतर, गहन आकर्षण बना रहता था—ऐसी प्रवृत्तियाँ, जिन्हें उसका बर्मी परिवार रहस्यमय और असामान्य मानता था। यद्यपि इस प्रकरण में पूर्व-जीवन के उस सैनिक की पहचान

सुनिश्चित रूप से नहीं हो सकी, फिर भी स्मृतियों की सांस्कृतिक विशिष्टता, भावात्मक स्थिरता और वर्षों तक बनी रहने वाली सुसंगति ने इस मामले को स्टीवेंसन के प्रकाशित अनुसंधान में अत्यंत सशक्त और विचारोत्तेजक स्थान प्रदान किया।

नाइजीरिया — ओग्बांजे परंपरा

नाइजीरिया के इग्बो समुदाय में ओग्बांजे परंपरा प्रचलित है—ऐसी मान्यता जिसके अनुसार कुछ बच्चे बार-बार मृत्यु को प्राप्त होते हैं और उसी माता से पुनर्जन्म लेते हैं। इस परंपरा के अंतर्गत एक उल्लेखनीय प्रकरण में, मरते समय बच्चे के कान में जानबूझकर एक छोटा चीरा लगाया गया, ताकि अगले जन्म में उसकी पहचान सुनिश्चित की जा सके। बाद में जन्मे शिशु में ठीक उसी स्थान पर वही जन्म-चिह्न पाया गया।

इन अफ्रीकी प्रकरणों का विशेष महत्व इस तथ्य में निहित है कि ये भारतीय या एशियाई परंपराओं से पूर्णतः स्वतंत्र सांस्कृतिक संदर्भ में उभरते हुए भी वही संरचनात्मक विशेषताएँ प्रदर्शित करते हैं, जो अन्य महाद्वीपों के पुनर्जन्म-प्रकरणों में देखी जाती हैं। यह समानता इस परिघटना को किसी एक क्षेत्रीय विश्वास तक सीमित मानने के स्थान पर एक व्यापक, वैश्विक अनुभवजन्य चुनौती के रूप में प्रस्तुत करती है।

वैश्विक प्रतिरूप क्या दर्शाता है

इन सभी प्रकरणों को समग्र रूप में देखने पर कुछ महत्त्वपूर्ण तथ्य स्पष्ट रूप से उभरते हैं। ऐसे प्रकरण उन संस्कृतियों में भी पाए जाते हैं जो पुनर्जन्म में स्पष्ट विश्वास रखती हैं, और उन संस्कृतियों में भी जहाँ ऐसा कोई विश्वास परंपरागत रूप से मौजूद नहीं है। विश्वास-तंत्र की इस भिन्नता के बावजूद, इन मामलों की आंतरिक संरचना आश्चर्यजनक रूप से समान दिखाई देती है। सामान्यतः

इनका आरंभ अत्यल्प बाल्यावस्था में होता है, इनमें किए गए दावे विशिष्ट और सत्यापन-योग्य होते हैं, इनके साथ प्रबल भावात्मक तीव्रता जुड़ी रहती है, और अधिकांश मामलों में ये स्मृतियाँ मध्यम बाल्यावस्था तक धीरे-धीरे क्षीण हो जाती हैं।

इस समग्र प्रतिरूप को समझाने में अब तक कोई भी पारंपरिक व्याख्या सफल नहीं हो सकी है। धोखाधड़ी की परिकल्पना वैश्विक स्तर पर असंभव-प्राय समन्वय की माँग करती है। सांस्कृतिक प्रेरणा का सिद्धांत उन विशिष्ट तथ्यों और नामों की व्याख्या नहीं कर पाता, जिनका ज्ञान बच्चों को अपने वर्तमान जीवन में प्राप्त ही नहीं हुआ होता। और संयोग-सिद्धांत इतनी उच्च—कई मामलों में 89 प्रतिशत से अधिक—सटीकता को संतोषजनक रूप से स्पष्ट करने में असमर्थ रहता है।

जैसा कि डॉ. इयान स्टीवेंसन ने स्वयं निष्कर्ष रूप में कहा है:

"ये प्रकरण, समग्र रूप में, भौतिकवादी विश्व-दृष्टि के लिए एक अनुभवजन्य चुनौती प्रस्तुत करते हैं, जिसे ईमानदारी से नज़रअंदाज़ नहीं किया जा सकता। ये व्याख्या की माँग करते हैं—और अब तक कोई संतोषजनक व्याख्या प्रदान नहीं की जा सकी है।"

अध्याय २ - कठिन समस्या

विज्ञान अभी आपके वर्तमान अनुभव को भी क्यों नहीं समझा सका है

इस क्षण—जब आप इन पंक्तियों को पढ़ रहे हैं—एक ऐसी प्रक्रिया घटित हो रही है जिसे विज्ञान आज तक पूरी तरह स्पष्ट नहीं कर सका है। यह कोई विलक्षण या रहस्यमयी घटना नहीं है, बल्कि कुछ पूर्णतः साधारण-सा प्रतीत होने वाला अनुभव है। इस पृष्ठ पर बने काले चिह्न—शब्द—आपके भीतर अर्थ का बोध उत्पन्न कर रहे हैं। वे विचार बन रहे हैं, अनुभूति बन रहे हैं, और भीतर किसी प्रकार का अनुभव घटित हो रहा है।

प्रश्न यह है: ऐसा क्यों होता है? यह तथ्य कि सूचना का प्रसंस्करण किसी अनुभव में परिणत हो जाता है—कि भीतर से "कुछ होना" वास्तव में महसूस होता है—विज्ञान की सबसे गहन और अब तक अनसुलझी समस्या है। इसे एक विशिष्ट नाम दिया गया है: **चेतना की कठिन समस्या**। और यह प्रश्न इसलिए अत्यंत महत्वपूर्ण बन जाता है, क्योंकि यदि विज्ञान अब तक यह नहीं समझा सका है कि चेतना पदार्थ से उत्पन्न कैसे होती है, तो यह मान लेना कि मस्तिष्क के समाप्त होने पर चेतना भी अनिवार्यतः समाप्त हो जाती है, उस ठोस आधार पर नहीं टिकता जितना सामान्यतः स्वीकार कर लिया जाता है।

तंत्रिका-विज्ञान क्या समझाता है—और क्या नहीं

तंत्रिका-विज्ञान ने अभूतपूर्व प्रगति की है। आज हम यह जान चुके हैं कि मस्तिष्क के कौन-से क्षेत्र किन विशिष्ट कार्यों के समय सक्रिय होते हैं। हम स्मृति के बनने और मिटने की प्रक्रियाओं को प्रत्यक्ष देख सकते हैं, और भावना, ध्यान, भाषा, पीड़ा तथा निर्णय-निर्माण जैसे जटिल अनुभवों के तंत्रिका-सहसंबंधों को पहले की अपेक्षा कहीं अधिक सूक्ष्मता से पहचानते हैं। ये

सभी उपलब्धियाँ वास्तविक हैं और पूर्णतः प्रशंसनीय भी।

किन्तु यहाँ एक बुनियादी बिंदु पर ध्यान देना आवश्यक है—यह समूचा विवरण किसका है। ये सभी निष्कर्ष अनुभवों के **भौतिक सहसंबंधों** का वर्णन करते हैं; उन मस्तिष्क अवस्थाओं का, जो अनुभव के साथ-साथ घटित होती हैं। यह उस अनुभव स्वयं का विवेचन नहीं है—उस 'महसूस होने' का नहीं, जो भीतर से घटित होता है और जिसे हम चेतना कहते हैं।

डेविड चेयल्मर्स का भेद

दार्शनिक डेविड चेयल्मर्स ने चेतना की समस्याओं के बीच एक अत्यंत महत्वपूर्ण विभाजन किया। तथाकथित सरल समस्याएँ—जैसे सूचना एकीकरण, व्यवहार नियंत्रण, संज्ञानात्मक कार्य—सिद्धांततः विज्ञान द्वारा हल की जा सकती हैं। कठिन, दीर्घकालिक, परंतु संभव। किन्तु कठिन समस्या भिन्न स्वरूप की है। प्रश्न यह नहीं है कि मस्तिष्क कैसे कार्य करता है। प्रश्न यह है कि वह कुछ होने का अनुभव क्यों उत्पन्न करता है। आपके मस्तिष्क में हो रहा तंत्रिका प्रसंस्करण और किसी कंप्यूटर में हो रहा समान सूचना प्रसंस्करण—यदि दोनों संरचनात्मक रूप से समान हों, तो एक में अनुभव क्यों होता है और दूसरे में क्यों नहीं? इसका उत्तर आज तक किसी ने नहीं दिया है। न सन्निकट रूप में भी नहीं।

अनुमान जो प्रमाण मान लिया गया

यह मान लेना कि मस्तिष्क चेतना को उत्पन्न करता है, कोई वैज्ञानिक निष्कर्ष नहीं है। यह एक **कार्यशील परिकल्पना** है—जिसे आज तक यथार्थ रूप में सिद्ध नहीं किया जा सका। हर प्रयास अंततः यहाँ आकर रुक जाता है और कहता है: "और फिर—किसी प्रकार—अनुभव उत्पन्न हो जाता है।" यहीं विज्ञान मौन हो जाता है।

वे वैज्ञानिक जो समस्या को स्वीकारते हैं, यह कोई हाशिए का मत नहीं है। फ्रांसिस क्रिक—डीएनए की संरचना के सह-अन्वेषक—ने अपने जीवन के अंतिम वर्षों में चेतना पर कार्य किया। उन्होंने स्पष्ट रूप से स्वीकार किया कि मस्तिष्क और अनुभव के बीच का संबंध अब भी गहन रहस्य है। क्रिस्टोफ़ कोख—आज के अग्रणी तंत्रिका-वैज्ञानिक—इस निष्कर्ष तक पहुँचे कि चेतना को पदार्थ से व्युत्पन्न मानना असंगत हो सकता है। उन्होंने पैनसाइकीवाद को अपनाया—यह दृष्टिकोण कि अनुभव किसी न किसी रूप में वास्तविकता का मूल गुण है। रोजर पेनरोज—नोबेल पुरस्कार विजेता भौतिक विज्ञानी—ने तर्क दिया कि चेतना में ऐसे क्वांटम पहलू हो सकते हैं जिन्हें पारंपरिक गणना से घटाया नहीं जा सकता। थॉमस नेगल ने मन और ब्रह्मांड में लिखा कि भौतिकवाद चेतना को समाहित करने में असफल है—और यह कि चेतना ब्रह्मांड का सबसे महत्वपूर्ण तथ्य है, न कि उसका आकस्मिक परिणाम।

मृत्यु के प्रश्न पर इसका प्रभाव

यदि चेतना मस्तिष्क द्वारा ही पूर्णतः उत्पन्न होती है—तो मस्तिष्क के नष्ट होने पर व्यक्ति भी समाप्त हो जाता है। यह आधुनिक संस्कृति की प्रमुख धारणा है। किन्तु यदि उस धारणा का आधार ही अनसिद्ध है—यदि हम अब तक यह नहीं समझा सके कि चेतना उत्पन्न कैसे होती है—तो इस निष्कर्ष के प्रति हमारा विश्वास वैज्ञानिक नहीं, दार्शनिक है। और बिना परीक्षण के रखी गई दार्शनिक मान्यता संशयवाद नहीं है। वह विश्वास का ही एक रूप है।

अध्याय ३ - वे लोग जो लौट आए

दुनिया भर से प्राप्त मृत्यु-निकट अनुभव

वर्ष 1991 में, पैम रेनॉल्ड्स नामक एक महिला का शल्य-चिकित्सीय उपचार किया गया—एक ऐसा उपचार जो आधुनिक चिकित्सा में भी अत्यंत असाधारण माना जाता है। उनके मस्तिष्क में एक धमनी-विस्फार (ब्रेन-एनेयूरिज़्म) था, जिसका उपचार तभी संभव था जब शरीर का तापमान अत्यधिक कम किया जाए, हृदय को रोका जाए, तथा मस्तिष्क से रक्त निकाल दिया जाए। चिकित्सीय भाषा में—उनका मस्तिष्क पूरी तरह निष्क्रिय था। उनके शरीर का तापमान साठ डिग्री फ़ारेनहाइट तक गिराया गया। उनका हृदय रोक दिया गया। घंटों तक मस्तिष्क में कोई विद्युत तरंग दर्ज नहीं हुई। और फिर भी—उस अवधि में—पैम रेनॉल्ड्स ने एक स्पष्ट, संगठित और विवरण-समृद्ध अनुभव का वर्णन किया।

एक ऐसी अनुभूति जिसे अनदेखा नहीं किया जा सकता

पैम ने उस विशेष आरी का वर्णन किया जिससे उनकी खोपड़ी खोली गई—एक ऐसा उपकरण जिसे उन्होंने जीवन में कभी नहीं देखा था। शल्य-चिकित्सकों ने पुष्टि की कि विवरण सटीक था। उन्होंने ऑपरेशन थिएटर में हुई बातचीत का उल्लेख किया—कि उनकी जांघ की धमनियाँ छोटी हैं। टीम ने स्वीकार किया कि यह संवाद वास्तव में हुआ था। उन्होंने स्वयं को शरीर से बाहर जाते हुए देखा। एक सुरंग। एक प्रकाश। मृत संबंधियों का साक्षात्कार। और फिर वापसी—एक गीत की ध्वनि के साथ, जो उस समय ऑपरेशन कक्ष में बज रहा था। सब विवरणों की चिकित्सकीय पुष्टि हुई। यह किसी धार्मिक विश्वास का प्रश्न नहीं है। यह एक दर्ज चिकित्सकीय प्रकरण है—ऐसा अनुभव, जो उस समय घटित हुआ जब मस्तिष्क किसी भी मापनीय अर्थ में कार्य नहीं कर रहा था।

संस्कृतियों और युगों में समानता

यदि मृत्यु-निकट अनुभव केवल मरते हुए मस्तिष्क की कल्पनाएँ होते, तो हमें असीम भिन्नता दिखाई देती। पर वास्तव में नहीं होता। मध्यकालीन ईसाई रहस्यवादी—प्रकाश, जीवन-समीक्षा, वापसी। जापानी बौद्ध—शरीर से बाहर जाना, मृत पूर्वज। आधुनिक नास्तिक—बिल्कुल वही संरचना। रूप बदलता है। संरचना नहीं। यह समानता—संस्कृतियों के पार—व्याख्या की मांग करती है।

वैश्विक प्रकरण

जापान

जापानी शोधकर्ता योशिया हाता ने सैकड़ों प्रकरण एकत्र किए। मूल संरचना वही—सांस्कृतिक प्रतीकों के साथ।

भारत

भारतीय मामलों में व्यक्ति को यमराज के समक्ष लाया जाता है—और कहा जाता है कि गलती हो गई है। फिर वापसी। कई मामलों में रोगी ने अनुभव का वर्णन स्वास्थ्य में सुधार से पहले किया।

अफ्रीका

ज़ुलु और खोसा जनजातियों में पूर्वजों से संवाद—संदेश लौटाए जाते हैं, जिनकी पुष्टि होती है।

अवेयर अध्ययन — एक वैज्ञानिक अन्वेषण

सबसे कठोर वैज्ञानिक परीक्षण—अवेयर अध्ययन—डॉ. सैम परनिया द्वारा। अस्पतालों में छत पर आकृतियाँ रखी गईं—केवल ऊपर से दिखाई देने योग्य। एक प्रकरण में, रोगी ने सटीक रूप से पुनर्जीवन कक्ष के दृश्य, कर्मचारियों की स्थिति, तथा क्रियाओं का वर्णन किया—उस अवधि में जब हृदय बंद था। डॉ. परनिया, जिन्होंने अध्ययन एक संशयवादी के रूप में आरंभ किया था, ने स्वीकार किया कि इन अनुभवों को सहज रूप से अस्वीकार नहीं किया जा सकता।

सबसे महत्वपूर्ण तथ्य: परिवर्तन

पर शायद सबसे निर्णायक डेटा अनुभव स्वयं नहीं—उसके पश्चात होने वाला परिवर्तन है। मृत्यु-निकट अनुभव वालों में स्थायी व्यक्तित्व परिवर्तन देखे गए हैं।

मानसिक परिवर्तन: भय में कमी, जीवन के प्रति दृष्टिकोण बदलता है।

नैतिक परिवर्तन: करुणा में वृद्धि, भौतिक लालसा घटती है।

आध्यात्मिक परिवर्तन: व्यापक चेतना का अनुभव, व्यक्तिगत पहचान से परे दृष्टि। अर्थपूर्ण जीवन की ओर झुकाव। आमतौर पर मतानुसार नहीं, बल्कि उससे परे। सपने ऐसा नहीं करते। मतिभ्रम ऐसा नहीं करते।

यह अध्याय क्या स्थापित करता है

कोई यह सिद्ध नहीं कर रहा कि मृत्यु के बाद क्या होता है। किन्तु यह स्पष्ट करता है कि चेतना और मस्तिष्क का संबंध उतना सरल नहीं है जितना सामान्यतः माना जाता है। चेतना संभवतः मस्तिष्क की गतिविधि से अधिक स्वतंत्र हो सकती है। और यही पर्याप्त है—प्रश्न को खुला रखने के लिए।

अध्याय ४ - पारलोक से आती आवाजें

माध्यमिता, प्रेतदर्शन और प्रलेखित संचार

यह प्रश्न कि मृत्यु के पश्चात चेतना का अस्तित्व बना रहता है या नहीं, केवल पुनर्जन्म से जुड़े प्रकरणों और मृत्यु-निकट अनुभवों के माध्यम से ही नहीं जाँचा गया है, बल्कि एक दीर्घ और अपेक्षाकृत कठोर परंपरा के अंतर्गत उन दावों की भी जाँच की गई है जिनमें जीवित और मृत के बीच संचार की बात कही जाती है। यह ऐसा क्षेत्र है जहाँ भोलेपन और छल दोनों ने पनपने का पर्याप्त अवसर पाया है—और इसी कारण वास्तविक असामान्यताओं को पहचानना कठिन हो जाता है। किन्तु धोखाधड़ी की उपस्थिति स्वयं इस क्षेत्र को पूर्णतः निरस्त नहीं कर देती। जिस प्रकार विज्ञान में भी प्रयोगात्मक त्रुटियाँ या छद्म-विज्ञान सम्पूर्ण अनुसंधान को अमान्य नहीं कर देते, उसी प्रकार यहाँ भी कुछ वास्तविक, प्रलेखित और व्याख्या-प्रतिरोधी घटनाएँ विद्यमान हैं।

सोसाइटी फ़ॉर साइकिकल रिसर्च

वर्ष 1882 में कैम्ब्रिज विश्वविद्यालय के कुछ प्रतिष्ठित विद्वानों—दार्शनिक हेनरी सिडगविक, भौतिक विज्ञानी विलियम बैरेट और शास्त्रज्ञ फ्रेडरिक मायर्स—ने सोसाइटी फ़ॉर साइकिकल रिसर्च की स्थापना की। उनका उद्देश्य स्पष्ट था: मनोदैहिक और माध्यमिक दावों की जाँच उसी कठोरता से की जाए, जिस कठोरता से किसी अन्य अनुभवजन्य प्रश्न की की जाती है। वे आस्थावान प्रचारक नहीं थे। सिडगविक स्वयं एक गहन संशयवादी अज्ञेयवादी थे, और वर्षों तक वे यह अपेक्षा करते रहे कि ठोस प्रमाण नहीं मिलेगा। फिर भी, दशकों तक चले उनके सूक्ष्म प्रलेखन में ऐसे तथ्य सामने आए जिन्हें सहज रूप से नकारा नहीं जा सका।

क्रॉस-कॉरिस्पॉन्डेन्स — समन्वित संदेश

उनका सबसे महत्वपूर्ण निष्कर्ष क्रॉस-कॉरिस्पॉन्डेन्स नामक परिघटना थी। इसमें विभिन्न देशों के माध्यम—जो एक-दूसरे को नहीं जानते थे—अलग-अलग अंश प्रस्तुत करते थे, जो केवल एक साथ जोड़ने पर अर्थपूर्ण संदेश बनते थे। यह समन्वय न तो संयोग से समझाया जा सकता था, न धोखाधड़ी से, और न ही जीवित व्यक्तियों के बीच टेलीपैथी से।

लियोनोरा पाइपर — जिसने संशयवादियों को भी विचलित किया

लियोनोरा पाइपर एक सामान्य गृहिणी थीं, जिन्होंने 1880 के दशक में माध्यमिक संचार प्रस्तुत करना आरंभ किया। जो उन्हें उस युग के असंख्य धोखेबाज़ माध्यमों से अलग करता है, वह था—गंभीर वैज्ञानिकों की दशकों तक चली जाँच। हार्वर्ड के प्रसिद्ध मनोवैज्ञानिक और दार्शनिक विलियम जेम्स—जो किसी भी दृष्टि से भोले नहीं थे—ने अनेक वर्षों तक पाइपर की जाँच की। उनका निष्कर्ष चौंकाने वाला था: पाइपर ऐसे निजी तथ्यों का ज्ञान प्रदान कर रही थीं जिनकी कोई सामान्य व्याख्या संभव नहीं थी। उन्होंने यह नहीं कहा कि यह मरे हुओं से संवाद है। उन्होंने कहा—कुछ ऐसा घटित हो रहा है जिसे हमारा वर्तमान वैज्ञानिक ढाँचा समझाना असमर्थ है।

ड्रॉप-इन कम्युनिकेटर्स

विशेष महत्व रखते हैं तथाकथित ड्रॉप-इन कम्युनिकेटर्स—ऐसी माध्यमिक उपस्थितियाँ जो बिना आमंत्रण के प्रकट होती हैं, अपने जीवन का ऐसा विवरण देती हैं जिसकी पुष्टि बाद में होती है, और जिनका सत्र में उपस्थित किसी व्यक्ति से कोई संबंध नहीं होता। इन मामलों का महत्व इसलिए अधिक है क्योंकि ये उस सामान्य व्याख्या को निरस्त करते हैं कि माध्यम केवल सत्र में बैठे व्यक्ति के मस्तिष्क से जानकारी पढ़ रहा है। आइसलैंड के शोधकर्ता एरलेंडर हाराल्डसन ने ऐसे अनेक प्रकरणों को प्रलेखित किया, जहाँ ऐतिहासिक अभिलेखों से बाद में पुष्टि हुई कि वर्णित व्यक्ति वास्तव में अस्तित्व में रहा था।

भौतिक घटनाएँ — स्वर्ण-पत्र महिला

कुछ प्रकरणों में संचार केवल शब्दों तक सीमित नहीं है। भौतिक घटनाओं—जैसे वस्तुओं का स्वतः प्रकट होना—का भी प्रलेखन हुआ है। स्वर्ण पत्र महिला का प्रकरण, जिसे यूनिवर्सिटी ऑफ़ मैरीलैंड के दार्शनिक स्टीफन ब्रॉड ने जाँचा, विशेष रूप से उल्लेखनीय है। अनेक स्वतंत्र साक्षियों—एक चिकित्सक सहित—की उपस्थिति में घटित घटनाओं को ब्रॉड वर्षों की जाँच के बाद भी धोखाधड़ी से नहीं जोड़ पाए।

इसका निष्कर्ष क्या निकले?

ईमानदार स्थिति वही है जो पुनर्जन्म और मृत्यु-निकट अनुभवों के संदर्भ में भी अपनाई गई थी। यहाँ भी छल और भ्रांति की एक व्यापक परिधि है—किन्तु उसके भीतर एक केन्द्रीय असामान्य कोर विद्‌यमान है जिसे अब तक कोई पारंपरिक व्याख्या संतोषजनक रूप से नहीं समझा सकी। यह निष्कर्ष नहीं सिद्‌ध करता कि मृत जीवितों से संवाद करते हैं। यह केवल यह स्थापित करता है कि मरणोपरान्त व्यक्तियों से संबंधित विशिष्ट और सत्यापन-योग्य जानकारी ऐसे संदर्भों में प्राप्त हुई है, जहाँ साधारण स्पष्टीकरण अपर्याप्त

प्रतीत होते हैं। और यही—ईमानदार अन्वेषण के लिए—पर्याप्त है।

अध्याय ५ - आन्तरिक प्रदेश के प्राचीन मानचित्र

हज़ारों वर्षों की कठोर आन्तरिक जाँच ने क्या पाया

कल्पना कीजिए कि किसी सभ्यता ने अपने बौद्धिक प्रयासों का प्रमुख उद्देश्य चेतना की प्रत्यक्ष जाँच को बनाया हो—ऐसी जाँच, जिसमें मस्तिष्क को बाहर से मापने वाले उपकरणों पर निर्भर होने के बजाय, स्वयं मन को जाँच का साधन बनाया गया हो। कल्पना कीजिए कि यह परियोजना हज़ारों वर्षों तक चली हो; इसमें असंख्य अनुशासित साधक सम्मिलित हुए हों; सूक्ष्म पद्धतियाँ विकसित की गई हों; तर्क-वितर्क और आलोचनात्मक परंपराएँ स्थापित हुई हों; और विभिन्न युगों तथा आचार्यों द्वारा बताए गए निष्कर्ष इतने सुसंगत रहे हों कि उन्हें अनुभवजन्य परिणाम कहा जा सके। यह कोई कल्पनात्मक प्रयोग नहीं है। यह भारत की ध्यानपरक परंपराओं का वास्तविक इतिहास है। और जब इन परंपराओं द्वारा प्राप्त निष्कर्षों को—सांस्कृतिक अलंकरण और पौराणिक आवरण से अलग कर—देखा जाता है, तो वे अपनी संगति, परिष्कार और आधुनिक विज्ञान द्वारा उठाए जा रहे प्रश्नों के साथ आश्चर्यजनक सामंजस्य के कारण ध्यान माँगते हैं।

उपनिषदों की खोज

उपनिषद—जो वेदों का दार्शनिक शिखर हैं—लगभग तीन हज़ार वर्ष पूर्व आरंभ हुई चेतना-अन्वेषण की लिखित अभिव्यक्ति हैं। वे पश्चिमी अर्थों में धार्मिक ग्रंथ नहीं हैं। वे प्रश्न, संवाद और प्रत्यक्ष जाँच के अभिलेख हैं—जहाँ गुरु और शिष्य मन की सीमाओं पर जाकर अनुसंधान करते हैं। इन ग्रंथों का केन्द्रीय

निष्कर्ष—जो सहस्त्राब्दियों में विभिन्न साधकों द्वारा स्वतंत्र रूप से प्रतिपादित हुआ—एक ही दिशा की ओर संकेत करता है.

सभी अनुभवों का साक्षी—स्वयं चेतना—कभी अनुभव की वस्तु नहीं बन सकती।

वह द्रष्टा है, जिसे कभी दृश्य नहीं बनाया जा सकता, और यह अपरिवर्तनीय साक्षी अस्तित्व के मूल आधार के साथ ऐक्य रखता है। यह कथन अमूर्त प्रतीत हो सकता है। आइए इसे प्रत्यक्ष बनाएँ। इस क्षण आपकी चेतना में विचार उठ रहे हैं, संवेदनाएँ हैं, इन शब्दों का बोध है। ये सब चेतना के विषय हैं—वस्तुएँ जिनका आप अनुभव कर रहे हैं। परंतु प्रश्न यह है: जो **अनुभव कर रहा है**, वह क्या है?

यदि आप उस द्रष्टा को देखने का प्रयास करें, तो वह कभी वस्तु के रूप में नहीं मिलता। प्रेक्षक को देखने का प्रत्येक प्रयास केवल एक और विचार उत्पन्न करता है। द्रष्टा स्वयं सदा पीछे रह जाता है—अगम्य। उपनिषदों ने इसी तथ्य को पहचाना और इसे अत्यंत महत्वपूर्ण माना। जिस चेतना को वस्तु नहीं बनाया जा सकता—वह कोई वस्तु नहीं है जिसे आप रखते हैं। वह वही है जो आप हैं। उसकी कोई सीमा नहीं। न आदि, न अंत। वह जागरण में प्रकट नहीं होती और निद्रा में विलीन नहीं होती। गहन, स्वप्नहीन निद्रा में भी वह अस्तित्व का मौन आधार बनकर विद्यमान रहती है।

पतञ्जलि की प्रणालीबद्ध जाँच

लगभग दो हज़ार वर्ष पूर्व रचित पतञ्जलि योगसूत्र कोई लोकप्रिय आध्यात्मिक ग्रंथ नहीं हैं। वे एक अनुसंधान-मैनुअल हैं—मन के व्यवस्थित अध्ययन की मार्गदर्शिका। इन सूत्रों में एक स्पष्ट पद्धति दी गई है: ध्यान को प्रशिक्षित करें, साधारण मानसिक शोर को क्रमशः शांत करें, और जो शेष रह जाए—उसका

सूक्ष्म निरीक्षण करें। सूत्र इस प्रक्रिया के चरणों को अत्यंत सूक्ष्मता से वर्णित करते हैं—वे बाधाएँ, प्रगति के संकेत और वे अवस्थाएँ जिन तक साधना से पहुँचा जा सकता है। इसका वैज्ञानिक महत्व इसके पुनरावृत्तियोग्य होने के दावे में है। ये किसी विशेष व्यक्ति को प्राप्त असाधारण अनुभव नहीं हैं, बल्कि ऐसी विधियाँ हैं जिन्हें कोई भी अनुशासित साधक अपनाकर समान परिणाम प्राप्त कर सकता है—जैसा कि दो सहस्राब्दियों की परंपरा बताती है। आधुनिक तंत्रिका-विज्ञान ने भी दीर्घकालिक ध्यान-साधना से मस्तिष्क में होने वाले संरचनात्मक परिवर्तनों को दर्ज किया है—विशेषतः अग्र-प्रमस्तिष्क, इन्सुला और भावनात्मक विनियमन से जुड़े क्षेत्रों में। हम अभी इस प्रक्रिया को समझने के प्रारंभिक चरण में हैं। पर यह स्पष्ट हो चुका है कि प्राचीन दावा—कि आन्तरिक साधना वास्तविक मनोवैज्ञानिक अंतर्दृष्टि प्रदान करती है—प्रारंभिक वैज्ञानिक परीक्षण में विफल नहीं हुआ है।

वेदान्त में पुनर्जन्म की अवधारणा

वेदान्त में पुनर्जन्म मूलतः दण्ड-और-पुरस्कार का सिद्धांत नहीं है। वह चेतना की संरचना के एक विशेष विवेचन का स्वाभाविक परिणाम है। यदि व्यक्तिगत चेतना सार्वत्रिक चेतना से भिन्न नहीं है—यदि पृथक आत्मा की अनुभूति चेतना-क्षेत्र में एक अस्थायी प्रतिरूप है—तो मृत्यु पर प्रश्न यह बनता है: प्रतिरूप का क्या होता है? वेदान्त का उत्तर यह है कि मन और स्वभाव की मूल प्रवृत्तियाँ—विचारों, इच्छाओं और आदतों का संचय—अचानक लुप्त नहीं हो जातीं। वे सूक्ष्म देह में गतिशील रहती हैं और नवीन शारीरिक अभिव्यक्ति की खोज करती हैं। यह कोई अंध-श्रद्धा नहीं है। यह ऐसा दावा है जिसे पुनर्जन्म-प्रकरणों, मृत्यु-निकट अनुभवों और स्वयं दर्शन की संगति के साथ परखा जा सकता है। और निष्पक्ष जाँच में यह विचार भौतिकवादी निष्कर्ष की अपेक्षा अधिक संगत प्रतीत होता है।

भगवद्गीता की व्यावहारिक प्रज्ञा

भगवद्गीता को प्रायः धर्म और कर्तव्य का ग्रंथ माना जाता है। पर उसके केंद्र में चेतना का विवेचन है। गीता स्पष्ट कहती है: आत्मा न उत्पन्न होती है, न नष्ट होती है। अग्नि उसे जला नहीं सकती। आद्रता उसे भिगो नहीं सकती। मृत्यु वस्त्र-परिवर्तन मात्र है। संशयवादी इसे कल्पना मान सकता है। पर यदि चेतना पदार्थ से उत्पन्न न होकर उससे अधिक मूलभूत है—तो गीता का कथन सरल अस्वीकार के योग्य नहीं रह जाता।

कर्म — एक भ्रामक सिद्धांत

कर्म को प्रायः आध्यात्मिक दण्ड-व्यवस्था समझा जाता है। वास्तव में वह मनोवैज्ञानिक अवलोकन है। प्रत्येक कर्म एक प्रवृत्ति को सुदृढ़ या क्षीण करता है। विचार आदत बनते हैं। आदतें स्वभाव। स्वभाव जीवन-पथ। आधुनिक अनुसंधान—आदत-निर्माण, तंत्रिका-प्लास्टिसिटी—इसका समर्थन करता है। प्रश्न केवल इतना है: क्या यह गति मृत्यु पर समाप्त होती है? इसी प्रश्न को पुनर्जन्म-अनुसंधान संबोधित करता है।

अध्याय ६ - भौतिकी ने चुपचाप क्या खोज लिया है

ब्रह्माण्ड भौतिकवादी कथा से कहीं अधिक विचित्र है

भौतिक वास्तविकता की सबसे व्यापक रूप से स्वीकृत वैज्ञानिक सिद्धान्त—क्वांटम यांत्रिकी—अत्यन्त सटीकता के साथ प्रयोगात्मक रूप से सिद्ध हो चुकी है। यह विज्ञान के इतिहास की सर्वाधिक सफल भविष्यवाणी-क्षम सिद्धान्तों में से एक है। और फिर भी—यह उस सरल भौतिकवादी ढाँचे में समझ में नहीं आती जिसके भीतर हम संसार की कल्पना करना सीखते हैं। और जो बात इसे उस ढाँचे से बाहर करती है—वही इस जाँच के लिए अत्यन्त महत्वपूर्ण सिद्ध होती है।

मापन की समस्या

क्वांटम यांत्रिकी में कोई कण तब तक निश्चित स्थिति में नहीं होता जब तक उसका मापन नहीं किया जाता। मापन से पूर्व वह संभावित अवस्थाओं के अधिसंयोजन (स्थितियों का मेल) में विद्यमान रहता है—जिसे एक गणितीय तरंग-फलन द्वारा निरूपित किया जाता है। पर प्रश्न यह है: मापन क्या है? यह प्रश्न लगभग एक शताब्दी से अनुत्तरित है। कोपेनहेगन व्याख्या—जो सर्वाधिक पढ़ाई जाती है—किसी न किसी रूप में प्रेक्षक की भागीदारी की अपेक्षा करती है। मल्टी-वर्ल्ड्स व्याख्या प्रेक्षक की विशेष भूमिका से बचने के लिए वास्तविकता के असंख्य शाखाओं में विभाजन की परिकल्पना प्रस्तुत करती है। दोनों में से किसी पर सर्वसम्मति नहीं बनी है। किन्तु एक तथ्य निर्विवाद है: अवलोकन अथवा मापन की क्रिया का क्वांटम भौतिकी में वह स्थान है जिसका शास्त्रीय भौतिकी में कोई समकक्ष नहीं। क्वांटम ब्रह्माण्ड निश्चित गुणों वाले निष्क्रिय वस्तुओं का संसार नहीं है। यह ऐसा संसार है जिसमें अवलोकन स्वयं उन गुणों

में सहभागी है जिन्हें हम देखते हैं।

अ-स्थानीयता — साधारण पृथक्करण का अंत

वर्ष 1964 में भौतिक विज्ञानी जॉन बेल ने एक प्रमेय प्रस्तुत किया—जो बाद के प्रयोगों द्वारा अत्यन्त सटीकता से सत्यापित हुआ। **बेल असमानता** यह दर्शाती है कि क्वांटम-जुड़ाव (entanglement)—जहाँ एक कण का मापन दूसरे, अत्यन्त दूरस्थ कण की अवस्था को तुरंत प्रभावित करता है—किसी भी स्थानीय सिद्धान्त द्वारा समझाया नहीं जा सकता। इसका अनिवार्य अर्थ यह है: **ब्रह्माण्ड मूल स्तर पर अ-स्थानीय है।** परस्पर क्रिया कर चुके कण दूरी की परवाह किए बिना सहसंबद्ध रहते हैं। स्थान में दिखाई देने वाला पृथक्करण सम्पूर्ण सत्य नहीं है। डेविड बोहम—आइंस्टीन के सहयोगी और बीसवीं शताब्दी के मौलिक भौतिकविद—ने इसे एक गहन वास्तविकता का संकेत माना, जिसे उन्होंने **इम्प्लिकेट ऑर्डर** कहा—एक अविभाज्य समग्रता, जिससे पृथक-पृथक वस्तुएँ प्रकट होती हैं। यही विचार वेदान्तीय अद्वैत के साथ अद्भुत साम्य रखता है।

श्रोडिंगर और वेदान्त

एर्विन श्रोडिंगर—क्वांटम यांत्रिकी के मूल समीकरण के रचयिता—भारतीय दर्शन से गम्भीर रूप से प्रभावित थे। उन्होंने स्पष्ट रूप से कहा कि अनेक चेतनाओं का दिखाई देना अनुभव की संरचना से उत्पन्न भ्रम हो सकता है। मूल स्तर पर चेतना एक है। उन्होंने इसकी उपमा दी—एक सूर्य, अनेक शांत जल-

पात्रों में प्रतिबिम्बित। "चेतना एकवचन है—जिसका बहुवचन अस्तित्व में ही नहीं।" यह कोई काव्यात्मक वक्तव्य नहीं था—यह क्वांटम सिद्धान्त के निहितार्थों से निकला दार्शनिक निष्कर्ष था।

होलोग्राफिक ब्रह्माण्ड

डेविड बोहम और तंत्रिका-वैज्ञानिक कार्ल प्रिब्राम ने स्वतंत्र रूप से एक साझा दृष्टि विकसित की—कि ब्रह्माण्ड और मस्तिष्क दोनों होलोग्राम की भाँति कार्य करते हैं। होलोग्राम में प्रत्येक भाग सम्पूर्ण की सूचना रखता है। प्रिब्राम ने पाया कि स्मृतियाँ मस्तिष्क के किसी विशेष भाग में संग्रहीत नहीं लगतीं—भयावह क्षति के बाद भी स्मृति बनी रहती है। उन्होंने प्रस्तावित किया कि मस्तिष्क सूचना का प्रसंस्करण वितरित रूप में करता है। यह दृष्टि चेतना को पृथक-पृथक मस्तिष्कों में बंद मानने की अपेक्षा—एक सार्वभौमिक क्षेत्र की स्थानिक अभिव्यक्ति के अधिक निकट है।

वैदिक काल-मान और आधुनिक ब्रह्माण्ड विज्ञान

वैदिक परंपरा ब्रह्माण्ड को सृजन-विनाश के चक्रों में देखती है—युगों के भीतर युग, कल्पों के भीतर कल्प। एक महाकल्प—311 नील वर्ष। आधुनिक विज्ञान ब्रह्माण्ड की आयु लगभग 13.8 अरब वर्ष मानता है। संख्याएँ अलग हैं, पर दृष्टि-पैमाना नहीं। चक्रीय ब्रह्माण्ड सिद्धान्त—आज भी गंभीरता से विचाराधीन हैं। सृष्टि और प्रलय की चक्रीय अवधारणा—अब "आदिम कल्पना" नहीं कही जा सकती।

इस अध्याय का सन्दर्भ

भौतिकी ने चेतना की व्याख्या नहीं की है। पर उसने यह अवश्य कर दिया है—साधारण भौतिकवाद को अस्थिर, प्रेक्षक को अनदेखा करना असंभव, और पृथक्करण की सहज धारणा को चुनौती। और जब विज्ञान स्वयं यह स्वीकार करता है कि वास्तविकता हमारे सोचे हुए से कहीं अधिक सूक्ष्म और परस्पर जुड़ी है—तो चेतना की निरंतरता का प्रश्न अब इतना अवैज्ञानिक नहीं रह जाता कि उसे सरलता से खारिज कर दिया जाए।

अध्याय ७ - वे जीवन जो उदाहरण प्रस्तुत करते हैं

वे आचार्य जिन्होंने केवल मानचित्र नहीं पढ़े—उस भूभाग को जिया

वैज्ञानिक अनुसंधान से प्राप्त प्रमाण महत्वपूर्ण हैं। किन्तु एक और प्रकार का साक्ष्य है, जिसे गंभीरता से देखे बिना यह जाँच अपूर्ण रहती है—उन व्यक्तियों का जीवन, जिन्होंने चेतना की आन्तरिक जाँच को इतनी निष्ठा और कठोरता से साधा कि उसका प्रभाव उनके चारों ओर के लोगों पर प्रत्यक्ष रूप से दिखाई दिया। इन व्यक्तियों को किसी सिद्धान्त के प्रमाण के रूप में प्रस्तुत नहीं किया जा रहा। उन्हें यहाँ आँकड़ों के समान रखा जा रहा है—ऐसे मानवीय उदाहरण, जिनके जीवन-अनुभव, भिन्न-भिन्न संस्कृतियों और युगों में होते हुए भी, समान निष्कर्षों की ओर संकेत करते हैं।

परमहंस योगानन्द — दो संसारों के सेतु

परमहंस योगानन्द 1920 में अमेरिका पहुँचे। अगले तीस वर्षों तक उन्होंने वहाँ यात्रा की, लेखन किया, शिक्षण दिया और सेल्फ-रियलाइज़ेशन फ़ेलोशिप जैसी संस्था स्थापित की, जिसकी उपस्थिति आज भी बनी हुई है। उनकी पुस्तक योगी की आत्मकथा (1946) दर्जनों भाषाओं में प्रकाशित होकर करोड़ों प्रतियों में पढ़ी गई। स्टीव जॉब्स के पास यह उनके अंतिम समय तक रही—और उनके स्मृति-समारोह में प्रत्येक अतिथि को यही पुस्तक दी गई। यह ग्रंथ दर्शन-ग्रंथ नहीं है। यह एक ऐसे जीवन का विवरण है जो बाह्य विश्व की व्यावहारिकता और आन्तरिक चेतना की गहराई—दोनों में समान रूप से स्थित था। महत्व वहाँ नहीं है जहाँ विलक्षण घटनाओं का वर्णन है। महत्व उस वैचारिक संरचना में है

जिसे योगानन्द ने स्पष्ट किया—कि चेतना मस्तिष्क की उपज नहीं, बल्कि वह वास्तविकता है जिसे मस्तिष्क अस्थायी रूप से प्रकट करता है। और उनके स्वयं के व्यक्तित्व में—एक ऐसे व्यक्ति की उपस्थिति, जिसने जीवन के मूल भय सुलझा लिए थे।

रामण महर्षि – आत्म-परीक्षण की पद्धति

रामण महर्षि किसी आध्यात्मिक पथ के साधक नहीं थे। सोलह वर्ष की आयु में, मदुरै में अकेले बैठे, उन्हें अचानक मृत्युभय ने घेर लिया। उन्होंने शरीर को निश्चल रखा और पूछा—यदि यह शरीर मर जाए, तो मैं क्या मरता है? उन्होंने उस प्रश्न को बिना किसी तर्क के, पूर्ण सजगता से देखा। और वही देखा जो उन्हें जीवन भर स्थिर रहा—वह चेतना, जिसमें मृत्युभय उत्पन्न हुआ, स्वयं मृत्यु से सर्वथा अप्रभावित थी। अगले पचास वर्षों तक वे दक्षिण भारत के एक छोटे नगर में रहे। उन्होंने शिक्षण नहीं दिया—केवल प्रश्नों का उत्तर दिया। उनका संकेत एक ही था: **"मैं कौन हूँ?"** न अवधारणा के रूप में, बल्कि प्रत्यक्ष जाँच के रूप में।

श्रीरामकृष्ण – प्रयोग करने वाले साधक

श्रीरामकृष्ण ने धर्म को किसी मान्यता के रूप में नहीं लिया। उन्होंने उसे परीक्षण बनाया। वैष्णव भक्ति। तांत्रिक साधना। अद्वैत वेदान्त। इस्लामी उपासना। ईसाई ध्यान। प्रत्येक पथ को उन्होंने पूर्णतः अपनाया—और प्रत्येक के शिखर तक पहुँचे। उनका निष्कर्ष सरल था: पथ भिन्न हैं, परंतु अनुभव का कक्ष एक ही है। यह समन्वय कूटनीति नहीं थी। यह प्रत्यक्ष अनुभव से निकला परिणाम था।

निसर्गदत्त महाराज — बीड़ी बेचने वाला आचार्य

मुंबई की झुग्गी बस्ती में बीड़ियाँ बेचने वाले निसर्गदत्त महाराज को उनके गुरु ने केवल एक निर्देश दिया: "**'मैं हूँ' के भाव पर चित्त स्थिर रखो।**" तीन वर्षों तक उन्होंने बस यही किया। और जो उन्हें मिला—वह कोई नया अनुभव नहीं था। वह उस तथ्य की पहचान थी—कि मैं हूँ कोई अवस्था नहीं, बल्कि वह आधार है जो सदा से विद्यमान था। उनके संवाद—"आई एम दैट"—आरामदायक नहीं हैं। वे प्रत्येक धारणा को काटते हैं—यहाँ तक कि आध्यात्मिक धारणाओं को भी। वे जिस ओर संकेत करते हैं, वह है: **अवस्था-रहित अवस्था।**

समैक्य जो अनदेखा नहीं किया जा सकता—भिन्न प्रारंभ बिन्दु, भिन्न संस्कृतियाँ, भिन्न व्यक्तित्व, और फिर भी—एक ही भूभाग। जब हज़ारों वर्षों और सैंकड़ों व्यक्तियों के अनुभव समान संकेत दें, तो उन्हें केवल कल्पना कह देना—वैज्ञानिक नहीं, सुविधाजनक हो जाता है।

"आप ब्रह्माण्ड में नहीं हैं—ब्रह्माण्ड आप में है।"—निसर्गदत्त महाराज

अध्याय ८ - असाधारण क्षमताएँ

प्रलेखित घटनाएँ जो संभाव्य की सीमाओं को चुनौती देती हैं

अब तक जिन अध्यायों पर हमने विचार किया है, उनमें ऐसे प्रमाण सम्मिलित रहे हैं जिन्हें असामान्य कहा जा सकता है—ऐसे तथ्य, जो भौतिकवादी ढाँचे में सरलता से नहीं समाते, पर फिर भी अधिकांश विचारशील व्यक्तियों की समझ की परिधि में आते हैं। यह अध्याय उस सीमा से आगे ले जाता है। यहाँ जिन घटनाओं की चर्चा है, यदि वे वास्तव में प्रामाणिक हैं, तो वे हमारे भौतिक यथार्थ की समझ में मूलभूत संशोधन की माँग करती हैं। और इसी कारण—ईमानदारी के साथ एक बात स्पष्ट करनी आवश्यक है: इस क्षेत्र में उपलब्ध साक्ष्य असमान हैं। बहुत-सा साहित्य धोखाधड़ी से भरा है। बहुत कुछ आकांक्षात्मक सोच का परिणाम है। अनेक दावे अपर्याप्त रूप से प्रलेखित हैं। किन्तु इन सबके बीच भी—एक ऐसा अवशिष्ट कोर विद्यमान है, जिसमें अच्छी तरह प्रलेखित प्रकरण हैं, जो आज तक संतोषजनक पारंपरिक व्याख्या से परे रहे हैं। और वही—इस अध्याय का विषय है।

टेलीपैथी — अनुसंधान अभिलेख

मानसिक संचार—बिना किसी ज्ञात भौतिक माध्यम के—पर अनुसंधान एक शताब्दी से अधिक समय से किया जा रहा है, वह भी प्रतिष्ठित संस्थानों में। 1960-70 के दशक में विकसित गैन्ज़फ़ेल्ड प्रयोगों को विशेष महत्व प्राप्त है। इन प्रयोगों में प्रतिभागियों के बीच संवेदी पृथक्करण किया गया, और यह जाँचा गया कि क्या जानकारी का संचार संयोग से अधिक सटीकता के साथ हो रहा है। चार्ल्स होनॉर्टन तथा अन्य शोधकर्ताओं द्वारा किए गए इन प्रयोगों में हज़ारों परीक्षणों में संयोग से लगातार अधिक सटीकता दर्ज की गई। सबसे गंभीर

चुनौती पुनरावृत्ति की रही है—सभी प्रयोगशालाओं में समान परिणाम नहीं मिले। किन्तु इन सभी प्रयोगों पर किए गए मेटा-विश्लेषण ने सांख्यिकीय रूप से अत्यंत सुदृढ़ निष्कर्ष प्रस्तुत किए—ऐसे निष्कर्ष, जो किसी अन्य क्षेत्र में निर्णायक माने जाते।

पूर्वज्ञान — विवादास्पद किन्तु कठोर

वर्ष 2011 में डेरिल बेम ने जर्नल ऑफ पर्सनैलिटी एंड सोशल साइकोलॉजी में एक शोधपत्र प्रकाशित किया—मनोविज्ञान की सबसे कठोर समीक्षा-प्रक्रिया वाली पत्रिकाओं में से एक। उनके नौ प्रयोगों में, कुल मिलाकर हज़ार से अधिक प्रतिभागियों के साथ, ऐसे परिणाम प्राप्त हुए जिनसे संकेत मिलता था कि व्यक्ति भविष्य की घटनाओं को—अत्यल्प रूप में—पहले ही भाँप लेता है। विवाद तीव्र हुआ। परंतु विवाद विधि को लेकर नहीं था—वह इस प्रश्न को लेकर था कि ऐसे परिणामों का क्या किया जाए जो स्थापित प्रतिमानों को चुनौती देते हों।

उपचार और चेतना का संबंध

चेतना और शरीर के बीच संबंध का सबसे प्रसिद्ध उदाहरण प्लेसिबो प्रभाव है—जहाँ केवल विश्वास से वास्तविक शारीरिक परिवर्तन होते हैं। यह केवल दर्द-नियंत्रण तक सीमित नहीं है। प्रलेखित मामलों में ट्यूमर-क्षय, हार्मोनल परिवर्तन और प्रतिरक्षा-प्रणाली में संरचनात्मक बदलाव देखे गए हैं। विश्वसनीय चिकित्सा साहित्य में स्वस्फूर्त रोग-निवृत्ति (स्वतः रोग-मुक्ति) के हज़ारों प्रकरण दर्ज हैं—जहाँ कोई चिकित्सकीय स्पष्टीकरण उपलब्ध नहीं है। चेतना रसायन को कैसे परिवर्तित करती है—यह प्रश्न आज भी अनुत्तरित है।

योगिक प्रकरण — प्रयोगशाला में परखे गए

वर्ष 1970 के दशक में हिमालयी योगी स्वामी राम ने अमेरिका की मेनिंजर फ़ाउंडेशन में चिकित्सकीय परीक्षण दिए। इलेक्ट्रोड और निगरानी उपकरणों के बीच—उन्होंने हृदय की धड़कन को स्वेच्छा से सत्रह सेकंड तक रोक दिया। उन्होंने शरीर के एक भाग का तापमान घटाकर दूसरे भाग का बढ़ाया। ये प्रभाव अनेक स्वतंत्र पर्यवेक्षकों द्वारा पुष्टि किए गए। कार्डियोलॉजिस्ट एल्मर ग्रीन ने स्वीकार किया—यह स्वैच्छिक नियंत्रण उन शारीरिक प्रक्रियाओं पर था जिन्हें चिकित्सा पूर्णतः अनैच्छिक मानती थी।

विम हॉफ — आधुनिक सीमाओं का विस्तार

डच एथलीट विम हॉफ ने वो किया जिसे पहले असंभव माना जाता था। बर्फ में अनावृत रहना। हिमालय पर न्यूनतम वस्त्रों में चढ़ाई। शरीर-ताप को अत्यधिक प्रतिकूल परिस्थितियों में स्थिर रखना। पर और भी निर्णायक था वैज्ञानिक परीक्षण। नीदरलैंड्स के शोधकर्ताओं ने उनके शरीर में बैक्टीरियल टॉक्सिन डाला—और विम हॉफ ने स्वेच्छा से अपनी प्रतिरक्षा-प्रणाली को सक्रिय कर प्रतिक्रिया को लगभग निष्क्रिय कर दिया। जब यह विधि साधारण लोगों को सिखाई गई—उसी प्रकार के परिणाम दोहराए गए। यह व्यक्तिगत विलक्षणता नहीं थी। यह सिखाई जा सकने वाली क्षमता थी।

इस अध्याय का संकेत

यह अध्याय यह सिद्ध नहीं करता कि चेतना सर्वशक्तिमान है। यह यह भी नहीं कहता कि हर दावा सत्य है। यह केवल यह स्थापित करता है: चेतना और शरीर के बीच की सीमा उतनी कठोर नहीं है जितनी मानी जाती रही है; कुछ क्षमताएँ संभव हैं जिन्हें पहले असंभव कहा गया था; और जब सीमाएँ टूटती हैं, तो अन्य सीमाओं पर पुनर्विचार आवश्यक हो जाता है। और यदि हमारी चेतना भौतिक यथार्थ को इस स्तर तक प्रभावित कर सकती है तो उसे केवल एक उपोत्पाद मान लेना अब उतना सहज नहीं रह जाता।

अध्याय ९ - समन्वय

जहाँ सभी पथ एक ही स्थान की ओर संकेत करते हैं

अब तक हम एक विस्तृत भूभाग से होकर गुज़रे हैं। छह महाद्वीपों में फैले पुनर्जन्म-प्रकरण। चेतना की कठिन समस्या। विभिन्न संस्कृतियों में संगत मृत्यु-निकट अनुभव। भारत की प्राचीन दर्शन-परंपराएँ और आधुनिक भौतिकी के साथ उनका अनपेक्षित सामंजस्य। गंभीर आन्तरिक साधना करने वाले व्यक्तियों के जीवन। और ऐसे असामान्य तथ्य, जो संभाव्य की स्वीकृत सीमाओं को चुनौती देते हैं। अब उचित प्रश्न यह है: इन सभी तथ्यों को एक साथ देखने पर वास्तव में क्या स्थापित होता है?

प्रमाण क्या वास्तव में स्थापित करते हैं

पुनर्जन्म-प्रकरण किसी एकल संस्कृति की कल्पना नहीं हैं। वे एक अनुभवजन्य परिघटना हैं—ऐसी परिघटना, जिसे अनेक दशकों तक सावधानीपूर्वक जाँचा गया है। वे प्रकरण जिनमें दावे सत्यापन से पूर्व दर्ज किए गए, जिनमें विशिष्ट, जाँच-योग्य विवरण प्रस्तुत हुए, और जिनमें सटीकता-दर अत्यधिक रही—उन्हें धोखाधड़ी, संयोग या स्मृति-भ्रम के रूप में खारिज नहीं किया जा सका। यह निष्कर्ष किसी आस्थावान का नहीं, उन शोधकर्ताओं का है जिन्होंने वर्षों तक साधारण स्पष्टीकरण खोजने का प्रयास किया—और असफल रहे।

चेतना और मस्तिष्क का प्रश्न खुला है

तंत्रिका-विज्ञान ने यह नहीं समझाया कि चेतना कैसे उत्पन्न होती है। कठिन समस्या जस-की-तस बनी हुई है। इस तथ्य का एक अनिवार्य निष्कर्ष है: यह धारणा कि चेतना मृत्यु पर स्वाभाविक रूप से समाप्त हो जाती है, एक दार्शनिक

प्रतिबद्धता है—वैज्ञानिक निष्कर्ष नहीं। यह कहना कि यह अवश्य समाप्त होती है, वैसा ही है जैसे किसी प्रश्न को सुलझाए बिना उसका उत्तर घोषित कर देना।

मृत्यु-निकट अनुभवः सत्यापित अनुभूति और स्थायी परिवर्तन

मृत्यु-निकट अनुभवों में एक ऐसा उपसमूह है, जिसमें चिकित्सकीय रूप से प्रमाणित मृत्यु की अवस्था में सटीक अनुभूति दर्ज हुई। इन अनुभवों की संरचना—संस्कृतियों और युगों में—अद्भुत रूप से समान है। और उनसे उत्पन्न स्थायी व्यक्तित्व-परिवर्तन उन्हें साधारण स्वप्न या मतिभ्रम से मूलतः भिन्न बनाते हैं। यदि ये केवल मस्तिष्कीय भ्रम होते, तो उनका प्रभाव अस्थायी होता। परंतु ऐसा नहीं है।

प्राचीन परंपराएँ और आधुनिक विज्ञानः संयोग नहीं, संगति

भारत की ध्यानपरक परंपराएँ—उपनिषद, योगसूत्र, वेदान्त—चेतना को प्राथमिक मानती हैं, पदार्थ को द्वितीयक। आधुनिक भौतिकी—क्वांटम यांत्रिकी, अ-स्थानीयता, प्रेक्षक की भूमिका—अनजाने में उसी दिशा की ओर संकेत करती है। यह संयोग नहीं है। जब चेतना की जाँच ईमानदारी से की जाती है—चाहे सहस्राब्दियों पूर्व आन्तरिक साधना द्वारा, या आज प्रयोगशाला में गणितीय मॉडल द्वारा—तो शोधकर्ता एक ही क्षेत्र में प्रवेश करते हैं।

क्वांटम ब्रह्माण्ड और पृथक्करण का भ्रम

क्वांटम भौतिकी ने यह स्थायी रूप से स्पष्ट कर दिया है कि ब्रह्माण्ड साधारण पृथक वस्तुओं का संग्रह नहीं है। वह परस्पर संबद्ध है। अ-स्थानीय है। प्रेक्षण-निर्भर है। और चेतना—अब तक—उससे व्युत्पन्न नहीं की जा सकी है।

हिन्दू दार्शनिक ढाँचा: क्या विशेष मामला सिद्ध होता है?

इस पुस्तक में प्रस्तुत प्रमाण किसी विशिष्ट धर्मशास्त्र की शाब्दिक सत्यता सिद्ध नहीं करते। ऐसा दावा करना बौद्धिक अतिरेक होगा। किन्तु वे यह अवश्य स्थापित करते हैं: वेदान्त का दार्शनिक आधार—कि चेतना मूल है, कि व्यक्तिगत आत्मा का पृथक्करण अंतिम सत्य नहीं, और कि मृत्यु से भयभीत 'स्व' अंतिम स्व नहीं—उपलब्ध प्रमाणों के साथ भौतिकवादी विकल्प की अपेक्षा अधिक संगत है। हिन्दू देवताओं, प्रतीकों और अनुष्ठानों को शाब्दिक कथन नहीं, बल्कि अवर्णनीय वास्तविकताओं से संवाद करने की प्रौद्योगिकी के रूप में समझना अधिक तार्किक प्रतीत होता है।

समूह-अनुभव का प्रश्न

सहस्रों वर्षों में, विभिन्न संस्कृतियों में, लाखों लोगों ने चेतना-परिवर्तन और दिव्य अनुभूति की रिपोर्ट की है। इन अनुभवों की संरचना आश्चर्यजनक रूप से समान है और उनके परिवर्तनकारी प्रभाव भी। इन्हें सामूहिक मतिभ्रम कहकर नकारना, वैसा ही है जैसे रोग-निवारण को भी भ्रम कह देना केवल इसलिए कि तंत्र पूरी तरह समझा नहीं गया।

खुला प्रश्न—और उसका आमंत्रण

इन सभी तथ्यों का सबसे गहन निष्कर्ष कोई अंतिम उत्तर नहीं है, बल्कि एक आमंत्रण है। यदि चेतना पदार्थ से अधिक मौलिक है, यदि पृथक आत्मा एक अस्थायी प्रतिरूप है, तो चेतना का अन्वेषण कोई गौण आध्यात्मिक रुचि नहीं है। वह मानव जीवन का सबसे महत्वपूर्ण शोध है। प्राचीन परंपराएँ कभी अंध-विश्वास की माँग नहीं करतीं। वे कहती हैं: स्वयं जाँचो। और जिन्होंने ऐसा किया—संस्कृति, युग, पद्धति से परे—उन्होंने कुछ पाया। न शून्यता, बल्कि ऐसी उपस्थिति, जो व्यक्तिगत स्व से गहरी और अधिक वास्तविक है।

"जब विज्ञान गैर-भौतिक घटनाओं का अध्ययन आरम्भ करेगा, तब वह एक दशक में उतनी प्रगति करेगा जितनी उससे पूर्व की समस्त शताब्दियों में नहीं कर सका।"— निकोलाइ टेस्ला

अध्याय १० - अब आगे मार्ग क्या है?

ईमानदार साधक के लिए एक व्यावहारिक मार्गदर्शन

एक पुस्तक द्वार खोल सकती है। परंतु उसके भीतर चलना वह स्वयं नहीं कर सकती। पूर्ववर्ती नौ अध्याय एक ही दिशा की ओर संकेत करते आए हैं—कि यह प्रश्न कि आप वास्तव में क्या हैं और चेतना का स्वरूप क्या है, केवल बौद्धिक विचार-विमर्श से अधिक का दावा करता है। यह प्रश्न अन्वेषण की माँग करता है। यह अंतिम अध्याय उसी के लिए है—न किसी आदेश के रूप में, न किसी विधि-संहिता के रूप में, बल्कि एक दिशा-सूचक के रूप में।

पठन — अगला स्वाभाविक चरण

इन विषयों पर उपलब्ध साहित्य अत्यंत विशाल है और गुणवत्ता में असमान भी। नीचे दिए गए ग्रंथ किसी भी गंभीर, संशयवादी-मना व्यक्ति के लिए विशेष रूप से उपयोगी हैं क्योंकि ये या तो सुदृढ़ अकादमिक आधार रखते हैं, या प्रामाणिक अनुभव की स्पष्ट प्रस्तुति करते हैं।

पुनर्जन्म-अनुसंधान

जिम टकर की जीवन से पूर्व जीवन इस क्षेत्र में प्रवेश का सबसे सुलभ द्वार है—न अंध-विश्वासी, न दुरूह। उनकी रिटर्न टू लाइफ अमरीकी प्रकरणों का प्रामाणिक विवरण देती है। इयान स्टीवेंसन की पुनर्जन्म का संकेत देने वाले बीस मामले मूल अनुसंधान को प्रत्यक्ष रूप में प्रस्तुत करती है।

चेतना पर

डेविड चेयल्मर्स की द कॉन्शियस माइंड कठिन समस्या का सबसे ईमानदार दार्शनिक विवेचन है। बर्नार्डो कास्ट्रुप की भौतिकवाद निरर्थक क्यों है अपेक्षाकृत सुलभ भाषा में चेतना की प्राथमिकता का कठोर तर्क प्रस्तुत करती है। सैम पार्निया की क्या होता है जब हम मरते हैं मृत्यु-निकट अनुभवों का चिकित्सकीय दृष्टिकोण से विवेचन करती है।

ध्यानपरक परंपराएँ

योगानन्द की *योगी की आत्मकथा* भारत की आध्यात्मिक परंपरा का सर्वाधिक सजीव परिचय देती है। रामण महर्षि के *मैं कौन हूँ?* और *महर्षि रमण से बातचीत* आत्म-परीक्षण का सर्वाधिक प्रत्यक्ष संकेत देते हैं। निसर्गदत्त महाराज की *वही हूँ मैं* तब उपयोगी होती है, जब पूर्ववर्ती पठन भूमि तैयार कर चुका हो। विज्ञान और संगम—डेविड बोहम की *पूर्णता और अंतर्निहित क्रम* गहन किंतु फलदायी अध्ययन है। श्रोडिंगर की *जीवन क्या है?* संक्षिप्त परंतु असाधारण है। डीन रैडिन की *चेतन ब्रह्मांड* परामानसिक अनुसंधान का सबसे कठोर सर्वेक्षण प्रस्तुत करती है।

अभ्यास — जहाँ पठन पर्याप्त नहीं होता

इन सभी परंपराओं की एक साझा सहमति है:

बौद्धिक समझ आरंभ है, गंतव्य नहीं।

अन्वेषण का अगला चरण आन्तरिक है। इसके लिए न किसी विशेष धर्म की आवश्यकता है, न गुरु खोजने की अनिवार्यता, न किसी नाटकीय जीवन-परिवर्तन की माँग। केवल ईमानदार ध्यान पर्याप्त है।

सबसे सरल आरंभ

प्रत्येक प्रातः पंद्रह मिनट निकालिए फ़ोन देखने से पहले, बाह्य जगत से जुड़ने से पहले। शांत बैठिए, आँखें बंद कीजिए, और सिर्फ़ इस तथ्य पर ध्यान दीजिए कि आप सचेत हैं। चेतना पर विचार न करें। केवल यह देखिए कि वह उपस्थित है। विचार आएँगे—उन्हें रोकने का प्रयास न करें। केवल देखें कि वे चेतना में उठते हैं और विलीन हो जाते हैं। तीस दिनों तक इसे करें। देखें—कुछ बदलता है या नहीं।

आत्म-परीक्षण विधि

रामण महर्षि की पद्धति सबसे प्रत्यक्ष है। किसी भी क्षण प्रतीक्षा में, यात्रा में, शयन से पूर्व प्रश्न उठाइए: "अभी कौन सचेत है?" उत्तर खोजने का प्रयास न करें। बस ध्यान उस ओर मोड़ दें जो अनुभव कर रहा है। आप कुछ नहीं पाएँगे और वही बोध महत्वपूर्ण है। द्रष्टा वस्तु नहीं बनता। और उसी अ-पकड़ में विश्रांति जन्म लेती है।

समुदाय – अन्य प्रश्नकर्ताओं की खोज

इन प्रश्नों पर गंभीरता से चलने वाले व्यक्ति को प्रायः एक अकेलापन घेरता है। क्योंकि अधिकांश समाज इन प्रश्नों को निपट चुका मानता है। अध्ययन-समूह, ध्यान-केंद्र, विचार-मंडलियाँ विद्यमान हैं— पर गुणवत्ता असमान है। एक कसौटी उपयोगी है:

क्या यह स्थान प्रश्न को मूल्य देता है—या केवल उत्तर को?

जो पूछना बंद कर चुके हों, उनसे नहीं। जो पूछते हों, उनके साथ।

ईमानदारी — जिसे छोड़ा नहीं जा सकता

इस क्षेत्र का सबसे बड़ा जोखिम भ्रम नहीं, बल्कि सांत्वनादायक निष्कर्ष है। सबसे विश्वसनीय मनीषियों रामकृष्ण, रामण, निसर्गदत्त, योगानन्द, स्टीवेंसन, चेयल्मर्स— में एक गुण साझा है:

बौद्धिक ईमानदारी।

वे जो पाया, वही बोले, न जो पाना चाहते थे। अपने अन्वेषण में भी वही ईमानदारी रखें। न संशय को ढाल बनाएँ, न आस्था को शरण। यह प्रश्न—आप क्या हैं, चेतना क्या है, मृत्यु के पार क्या होता है—इतना महत्त्वपूर्ण है कि इसे किसी भी दिशा में लापरवाही से तय नहीं किया जाना चाहिए।

“स्वयं के बाहर मत खोजो। उत्तर कहीं और नहीं है। वह सदा यहीं रहा है।”— उपनिषद (भावानुवाद)

उत्तरकथन — एक व्यक्तिगत टिप्पणी

इस पुस्तक ने आरंभ से ही ईमानदार रहने का प्रयास किया है। अंत में एक बार और वही ईमानदारी आवश्यक है। यहाँ प्रस्तुत प्रमाण पुनर्जन्म का निर्णायक प्रमाण नहीं हैं। ये यह भी सिद्ध नहीं करते कि चेतना किसी विशिष्ट रूप में मृत्यु के पश्चात अनिवार्यतः बनी रहती है। जो ये प्रमाण वस्तुतः करते हैं, वह यह है कि विपरीत मान्यताओं को जिस उतावले आत्मविश्वास के साथ स्वीकार किया जाता है—उसे चुनौती देते हैं। भौतिकवादी कथा—कि मस्तिष्क चेतना उत्पन्न करता है, कि मृत्यु पर व्यक्ति का पूर्ण अंत हो जाता है, और कि ब्रह्माण्ड केवल निर्जीव पदार्थ से निर्मित है—यह कोई अंतिम वैज्ञानिक निष्कर्ष नहीं है। यह एक दार्शनिक ढाँचा है, जिसने अत्यंत सफल वैज्ञानिक अनुसंधान को प्रेरित किया है—और संभव है कि वह सही भी हो। किन्तु इस ढाँचे को गंभीर, अनसुलझी चुनौतियाँ प्राप्त हैं। और जिन व्यक्तियों ने इन प्रश्नों की सबसे गहन जाँच की है—स्टीवेंसन, टकर, चेयल्मर्स, कास्ड्रुप, रामण—उन्होंने यही पाया है कि ये चुनौतियाँ उतनी सरल नहीं हैं जितना साधारण अस्वीकार मान लेता है। ईमानदार स्थिति यह नहीं है कि किसी एक दिशा में निश्चितता घोषित कर दी जाए। ईमानदार स्थिति है खुली, निरंतर और कठोर जाँच। यदि इस पुस्तक ने उस जाँच को सार्थक प्रतीत कराया हो, यदि इसने कोई ऐसा द्वार खोला हो जो पहले बंद प्रतीत होता था, तो इसने अपना उद्देश्य सिद्ध किया है।

अन्वेषण किसी पुस्तक के अंतिम पृष्ठ पर समाप्त नहीं होता। वह वहीं आरंभ होता है

जहाँध्यानउसचेतनाकीओरमुड़ताहै,
जिसकेद्वाराइनपंक्तियोंकोइसक्षणपढ़ाजारहाहै।

अधिक अध्ययन एवं संदर्भ

नीचे उल्लिखित ग्रंथ उन पाठकों के लिए चयनित किए गए हैं जो इस पुस्तक में उठाए गए प्रश्नों की जाँच को और गहराई से आगे बढ़ाना चाहते हैं। ये रचनाएँ अपनी-अपनी विधाओं में बौद्धिक प्रामाणिकता, अनुभवजन्य गंभीरता और ईमानदार विचार-अन्वेषण के लिए जानी जाती हैं।

विषय	संक्षिप्त विवरण	प्रमुख विशेषताएँ	अन्वेषण / अध्ययन	मुख्य संकेत / निष्कर्ष
चेतना की कठिन समस्या	अनुभव का अस्तित्व स्वयं—विज्ञान द्वारा अब तक अकारण	व्यक्तिनिष्ठ अनुभव, अनुभूति का "होना"	डेविड चैयल्मर्स	चेतना को पदार्थ से व्युत्पन्न सिद्ध नहीं किया जा सका
मस्तिष्क-चेतना संबंध	तंत्रिका गतिविधि और अनुभव का सहसंबंध	सहसंबंध बनाम कारण	क्रिक, कोख	सहसंबंध मिला; कारण-व्याख्या अनुपलब्ध
चेतना की प्राथमिकता	चेतना को मूल तत्व मानना	पैनसाइकीवाद, अद्वैत संकेत	कोख, श्रोडिंगर	चेतना संभवतः पदार्थ से अधिक मौलिक
मृत्यु-निकट अनुभव (NDE)	चिकित्सकीय मृत्यु के सीमांत पर सुसंगठित अनुभव	OBE, सुरंग, प्रकाश, जीवन-समालोचना	पार्निया (AWARE)	कुछ प्रकरणों में सत्यापित अनुभूति
संरचनात्मक समानता	संस्कृतियों में अनुभव-रचना का साम्य	रूप भिन्न; संरचना समान	वैश्विक अध्ययन	सांस्कृतिक भ्रम-सिद्धांत अपर्याप्त
स्थायी परिवर्तन	अनुभव पश्चात व्यक्तित्व-परिवर्तन	करुणा, भय-क्षय, अर्थबोध	अनुवर्ती अध्ययन	साधारण स्वप्न/मतिभ्रम से भिन्न
जैविक स्पष्टीकरण की सीमा	हाइपोक्सिया/हैलुसिनेशन तर्क	असंगत समय-रेखा	चिकित्सकीय अभिलेख	सभी NDE को न समझा सके
चिकित्सकीय सत्यापन	उपकरण/घटनाओं का सटीक वर्णन	बाह्य-दृश्य सटीकता	ऑपरेशन कक्ष प्रकरण	मस्तिष्क निष्क्रियता में अनुभूति
दार्शनिक निहितार्थ	मृत्यु-पर चेतना का प्रश्न खुला	दार्शनिक प्रतिबद्धता	विश्लेषणात्मक दर्शन	निष्कर्ष घोषित करना कालातीत नहीं
समग्र संकेत	बहु-स्रोत प्रमाणों का संगम	अनुभवजन्य + दार्शनिक	अंतरविषयी	चेतना-निरंतरता पर पुनर्विचार आवश्यक

लेखक

श्रवण तिवारी एक लेखक हैं जो विज्ञान, चेतना और दर्शन के संगम का अन्वेषण करते हैं।

उनका लेखन बौद्धिक ईमानदारी और जिज्ञासा के साथ गहराई से स्थापित मान्यताओं की पड़ताल करता है, विशेष रूप से मन, वास्तविकता और मानव अस्तित्व की प्रकृति के संदर्भ में।

www.ingramcontent.com/pod-product-compliance
Lightning Source LLC
LaVergne TN
LVHW090334210926
848480LV00004B/1412